AF201419

Impressum
Verlag: BABADADA GmbH, Nedderfeld 112 , 22529 Hamburg
Geschäftsführer / Verlagsleitung: Harald Hof
Druck: Books on Demand GmbH, In de Tarpen 42, 22848 Norderstedt

Imprint
Publisher: BABADADA GmbH, Nedderfeld 112 , 22529 Hamburg, Germany
Managing Director / Publishing direction: Harald Hof
Print: Books on Demand GmbH, In de Tarpen 42, 22848 Norderstedt, Germany

shkolla

بښوونځی

pjesëtim
تقسیم

186/2

tabela
بورډ

klasa
تولګی

oborr shkolle
د بښوونځي حویلی

mësues
بښوونکی

letër
ورق

shkruaj
لیکل

stilolaps
قلم

tavolinë
ډیسک

vizore
خط کش

libri
کتاب

nxënës
زده کونکی

çantë
کڅوړه

mbajtëse lapsash
د پنسل بکسه

laps
پنسل

mprehës lapsash
پنسل تراش

gomë
ربړ

fletore vizatimi
د رسامی پاڼه

2

بښوونځی - shkolla

vizatim

رسامي

penel

د نقاشى برس

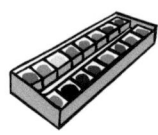

kuti bojërash

د نقاشى بکس

gërshërë

قيچي

ngjitës

سريش

fletore detyrash

د تمرين کتاب

detyrë shtëpie

کورنى دنده

numër

شمير

mbledh

جمع

zbres

منفي

shumëzoj

ضرب

llogaris

حساب

gërmë

تورى

alfabeti

الفبا

fjalë

کلمه

tekst

متن

lexoj

لوستل

shkumës

تباشير

mësim

درس

regjistër

راجستر

provim

ازموينه

çertifikatë

تصديق پاڼه

uniformë shkolle

د ښوونځي يونيفارم

arsimim

تعليم

enciklopedia

دايره المعارف

universitet

پوهنتون

mikroskop

مايكروسكوپ

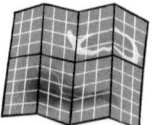

hartë

نقشه

kosh letrash

اشغالدانی

udhëtim

سفر

hotel
هوټل
Grand
bujtinë
ليليه
ROOMS
EXCHANGE
pikë këmbimi valutor
د اسعارو د تبادلې دفتر
valixhe
بکس
makinë
موټر

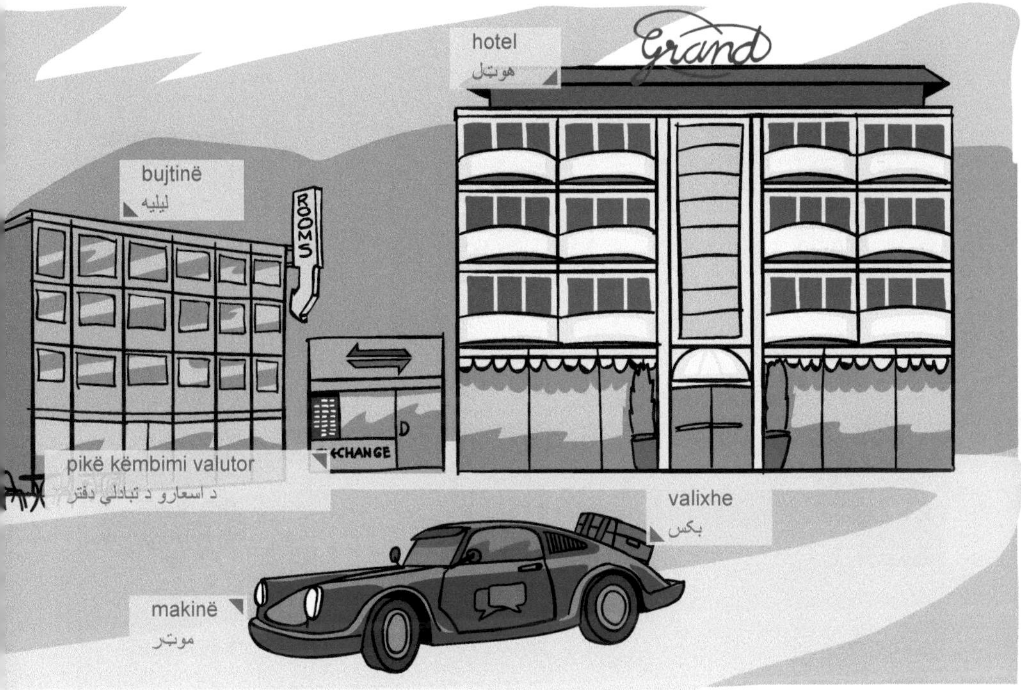

gjuhë

ژبه

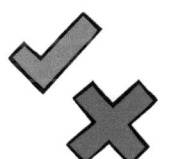

po / jo

هو/نه

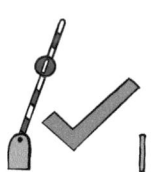

Në rregull

سمه ده

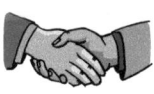

ç'kemi

سلام

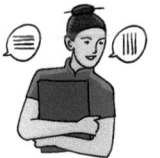

përkthyes

ژباړونکی

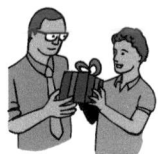

Faleminderit

مننه

sa kushton…?

څومره دي...؟

nuk e kuptoj

زه نه پوهیږم

problem

ستونزه

Mirëmbrëma!

ماښام مو پخیر!

Mirëmëngjes!

سهار په خیر!

Natën e mirë!

شپه په خیر!

mirupafshim

په مخه مو ښه

drejtim

لارښود

bagazhet

سامان

çantë

بیگ

çantë shpine

شاتنی بکس

mysafir

میلمه

dhomë

خونه

thes gjumi

د خوب کڅوړه

tendë

خیمه

informacion për turistët

د توريزم معلومات

plazh

ساحل

kartë krediti

کریدیت کارت

mëngjes

ناری

drekë

د غرمی خواړه

darkë

د شپې خواړه

Biletë

ټیکټ

ashensor

لفټ

pulla

مهر

kufi

پوله

doganë

ګمرک

ambasadë

سفارت

vizë

ویزه

pasaportë

پاسپورت

transport

ټرانسپورټ

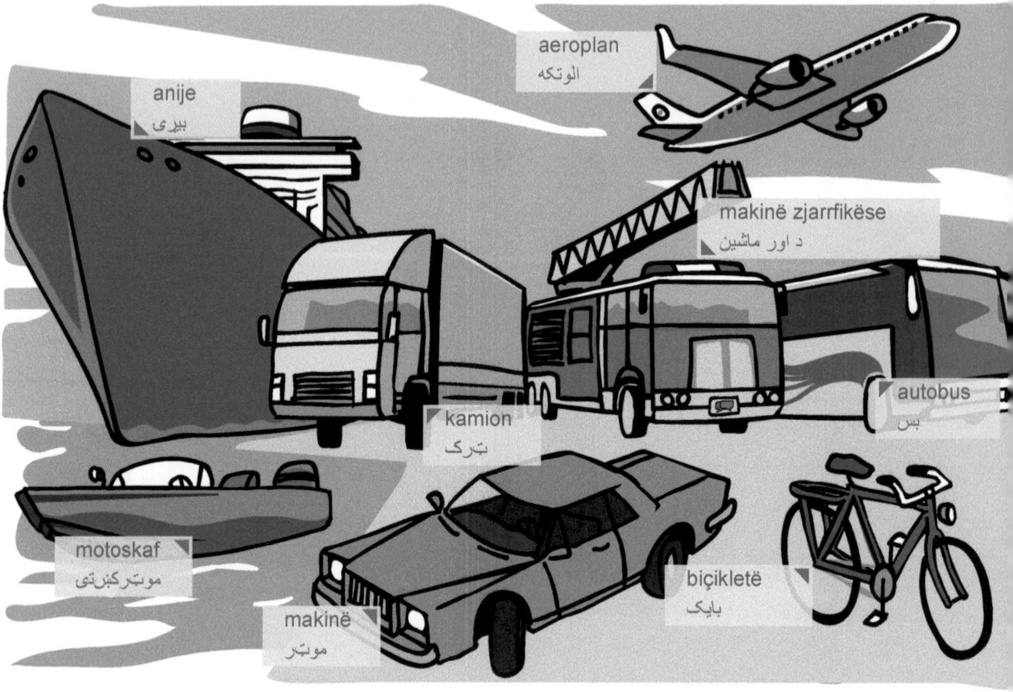
aeroplan
الوتکه
anije
بیړی
makinë zjarrfikëse
د اور ماشین
kamion
ټرک
autobus
بس
motoskaf
موټرکښتی
biçikletë
بایک
makinë
موټر

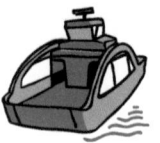

traget
کښتی

varkë
کښتی

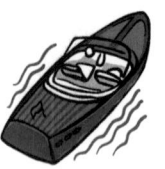

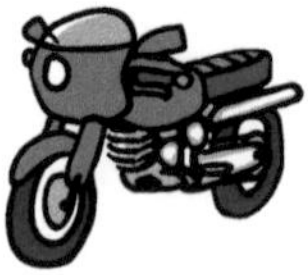

motoçikletë
موټرسایکل

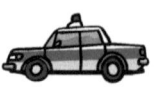

makinë policie
د پولیسو موټر

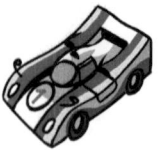

makinë garash
د ریس موټر

makinë me qira
کرایی موټر

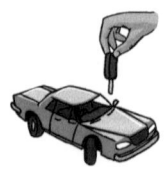

darje e qirasë së makinës

د کرايه موټري

karroatrec

جرثقیل لرونکی ټرک

makinë plehrash

ریفیوز ټرک

motor

موټر

benzinë

سونګ توکي

pikë karburanti

پټرول سټیشن

sinjalistikë trafiku

ترافیکي نښه

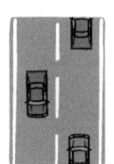

trafik

ترافیک

bllokim trafiku

جام ترافیک

parkim makinash

د موټرو تمځای

stacion treni

د ریل سټیشن

trase

پاټکي

tren

ریل

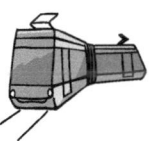

tramvaj

ټرام

karro

واګون

helikopter

چورلکه

aeroport

هوايي ډگر

kullë

برج

pasagjer

مسافر

kontenier

کانټينر

kuti kartoni

کارتون

qerre

کارت

shportë

ټوکری

ngrihem / ulem

الوتنه کول/کښيناستل

qytet

ښار

fshat

کلی

qendra e qytetit

د ښار مرکز

shtëpi

کور

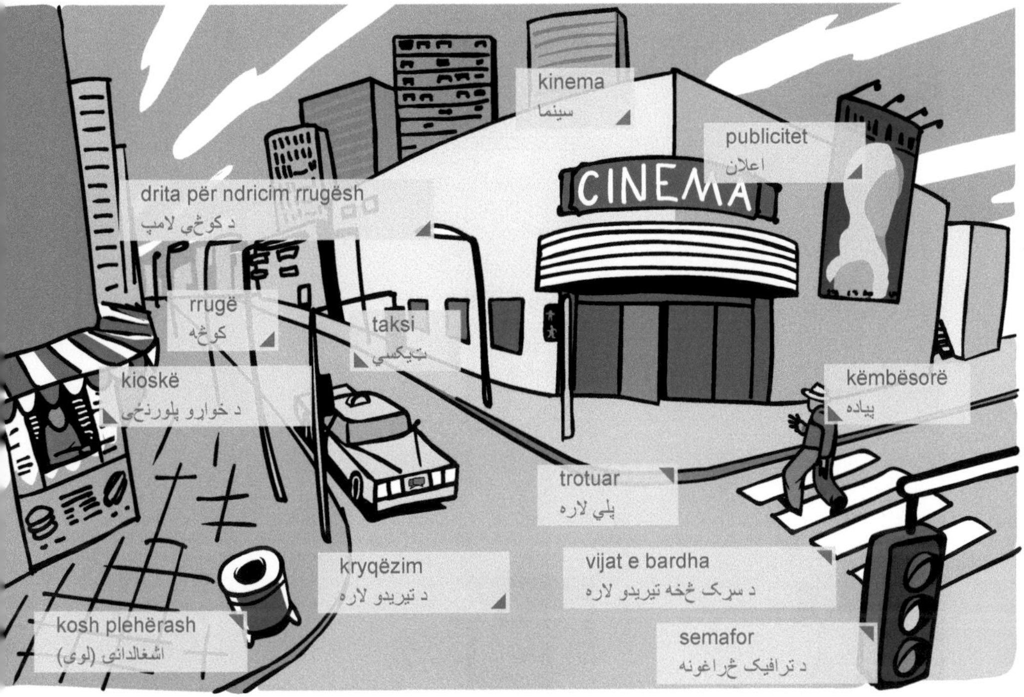

kinema
سینما

publicitet
اعلان

drita për ndricim rrugësh
د کوڅی لامپ

rrugë
کوڅه

taksi
ټیکسی

kioskë
د خوارو پلورنځی

këmbësorë
پیاده

trotuar
پلي لاره

kryqëzim
د تیریدو لاره

vijat e bardha
د سړک څخه تیریدو لاره

kosh plehërash
اشغالدانی (لوی)

semafor
د ترافیک څراغونه

kasolle
کودله

apartament
اپارتمان

stacion treni
د ریل سټیشن

bashki
ښاروال هال

muze
میوزیم

shkolla
ښوونځی

universitet

پوهنتون

bankë

بانک

spital

روغتون

hotel

هوټل

farmaci

درملتون

zyrë

دفتر

librari

کتاب پلورنځی

dyqan

پلورنځی

dyqan lulesh

د ګلانو پلورنځی

supermarket

لوی پلورنځی

market

مارکیټ

mapo

د ډیپارتمنت سټور

dyqan peshku

کب پلورنځی

qëndër tregtare

د پلور مرکز

port

لنګرتون

park

پارک

stol

بینچ

urë

پل

shkallë

زینه

metro

د ځمکی لاندي

tunel

تونل

stacion autobuzi

بس تمځای

bar

بار

restorant

ریسټورانټ

kuti postare

پوست بکس

sinjalistikë rrugore

د کوڅی نښه

kohëmatës parkimi

د پارک کولو میټر

kopsht zoologjik

ژوبڼ

pishinë

د لامبو حوض

xhami

مسجد

fermë

کرونده

ndotje

ناپاکي

varrezë

هدیره

kishë

چرچ

shesh lojërash

د لوبو ډکر

tempull

معبد/کلیسا

peisazh

منظره

gjethe
پانه

tabela orientuese
د لارښوونې نښه

rrugë
لاره

livadh
چمن

gurë
کانی

ekskursionist
هیکر

pemë
ونه

lumë
سیند

bar
واښه

lule
ګل

luginë

دره

kodër

غوندی

liqen

ناور

pyll

ځنګل

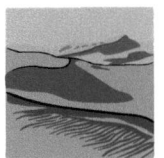

shkretëtirë

دشته

vullkan

اورشیندی

kështjellë

کلا

ylber

رنگین کمان

kepudhë

مرخیري

palmë

پلم ونه

mushkonjë

ماشي

mizë

الوتل

milingonë

میږیی

bletë

مچۍ

merimangë

غونډ/جولا

brumbull

گونگت

bretkosë

چونگبشه

ketër

نولی

iriq

زیرکی

lepur

سوی

buf

کونگ

zog

مرغی

mjellmë

قازه

derr i egër

نرخوگ

dre

هوسی

dre brilopatë

گساوزه

digë

بند

turbinë ere

بادي توربین

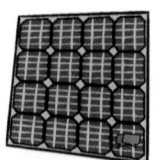

panel diellor

سولر تختی

klimë

اقلیم

restorant

ريسټورانټ

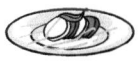

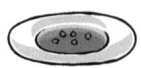

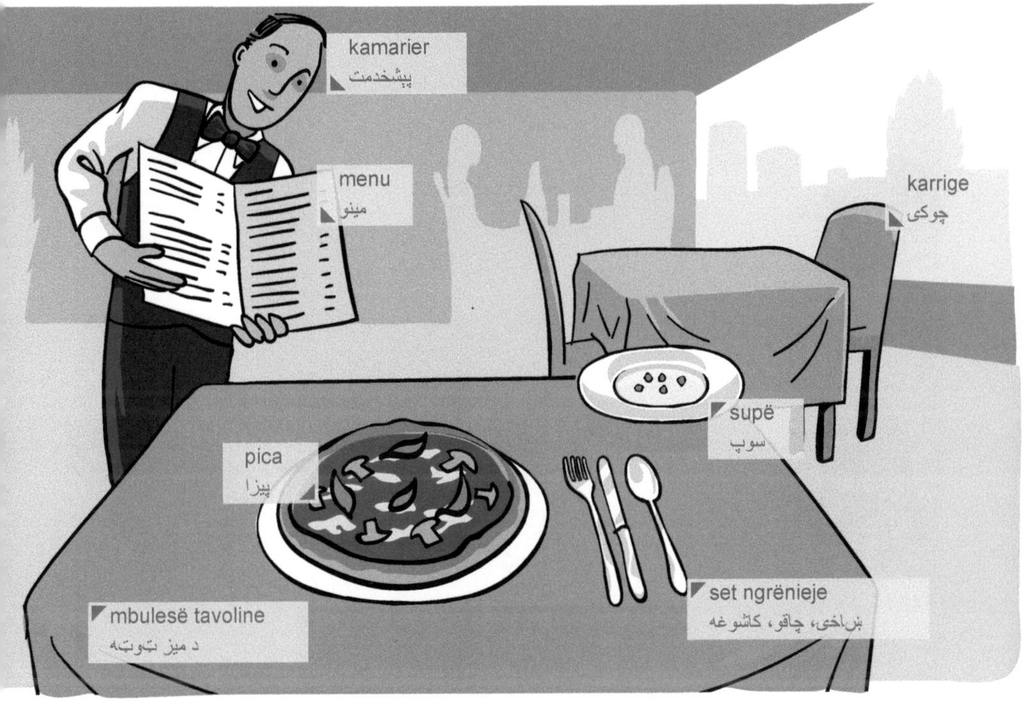

kamarier
پیشخدمت
menu
مینو
karrige
چوکۍ
supë
سوپ
pica
پیزا
set ngrënieje
ښاخۍ، چاقو، کاشوغه
mbulesë tavoline
د میز ټوټه

pjatë e parë

سټارټر

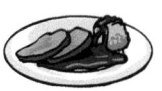

pjatë kryesore

اصلي خواړه

ëmbëlsirë

شيرني

pije

څښاک

ushqim

خواړه

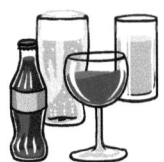

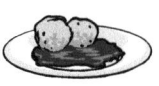

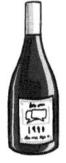

shishe

بوتل

ushqim i shpejtë

فاسټ فود

ushqim i shërbyer në rrugë

د کوڅۍ خواړه

ibrik çaji

چای جوش

kuti sheqeri

قندانی

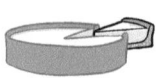

racion

برخه

makinë kafeje ekspres

اسپرسو مشین

karrige e lartë

لوړه چوکی

faturë

رسید

tabaka

مجمه

thika

چاکو

pirun

پنجه

lugë

قاشق

lugë çaji

چای قاشق

pecetë

سرویت

gotë

ګلاس

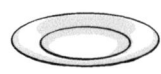

pjatë

پلیټ

pjatë supe

د سوپ پلیټ

pjatë filxhani

نالبکی

salcë

ساس

mbajtëse kripe

مالګه شیندونکی

mulli piperi

د مرچ ټکولو لوخی

uthull

سرکه

vaj

غوړي

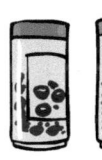

erëza

مساله

keçap

کچ اپ

mustardë

شرشم

majonezë

چکه

supermarket

لوی پلورنځی

ofertë speciale
ځانګړی وړاندیز
FOR
klient
پیرودونکی
produkte bulmeti
لبنیات
frut
میوه
karrocë pazari
لاسي ګرځ

BUTCHERS

dyqan mishi

قصابي

BAKERY

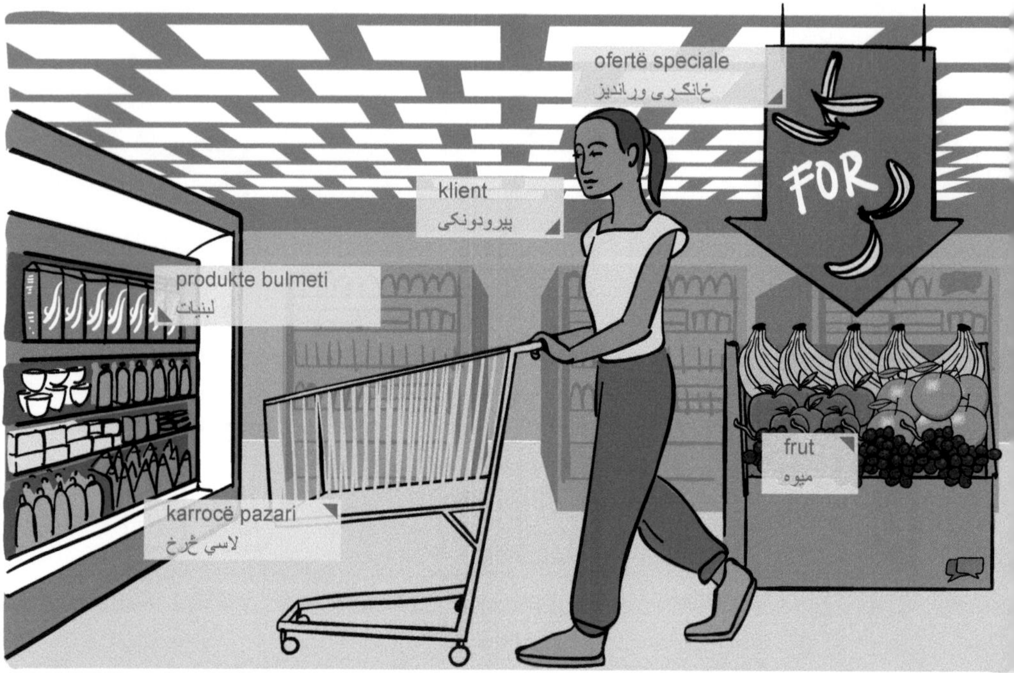

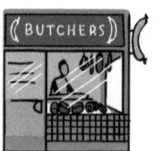

furrë buke

نانوایی

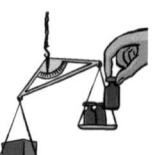

peshoj

وزن کول

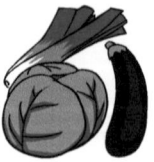

perime

سبزیجات

mish

غوښه

ushqim i ngrirë

کنګل خواړه

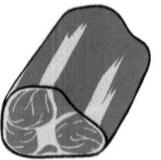

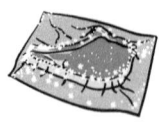

copë

يخه غوښه

ushqim i konservuar

کنسروا خواړه

pluhur larës

د مينځلو پودر

ëmbëlsirat

شيريني

prodhime shtëpie

کورني توليدات

produkte pastrimi

د پاکولو محصولات

shitëse

د پلور فرد

kasë fiskale

د نغدي راجستر

arkëtar

صراف

listë blerjeje

د پيرود ليست

oraret e punës

کاري ساعتونه

portofol

بټوه

kartë krediti

کريډيټ کارت

çantë

کڅوړه

qese plastike

پلاستيک کڅوړه

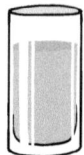

ujë
اوبه

lëng frutash
جوس

qumësht
شیده

koka-kola
کوک

verë
واین

birrë
بیر

alkool
الکول

kakao
ککاو

çaj
چای

kafe
کافي

kafe ekspres
اسپرسو

kapuçino
کپچینو

banane

كيله

mollë

مڼه

portokalle

نارنج

pjepër

هندوانه

limon

ليمو

karrotë

گازره

hudhër

هوږه

bambu

بانکس

qepë

پياز

kërpudha

مرخيړي

arra

چغزى

makarona

آش

spageti

سپیگتي

oriz

وریجي

sallatë

سلاد

patate të skuqura

چپس

patate të skuqura

سره کړي کچالو

pica

پیزا

hamburger

همبرگر

sanduiç

ساندویچ

shnicel

کتره

proshutë

د پتون غوبنه

sallam

سلمي

salçiçe

ساسچ

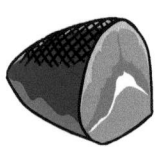

pulë

چرگ

skuq

روست

peshk

کب

tërshërë

د وربشي شیرني

drithëra

موسلي

kornfleiks

د جوار پلی

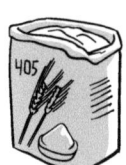

miell

اوړه

kruasant

کروسانت

panine

د ډوډۍ رول

bukë

ډوډۍ

tost

ټوسټ

biskotë

بسکیټ

gjalp

کوچ

gjizë

چکه

tortë

کیک

vezë

هگۍ

vezë sy

پنسي هگۍ

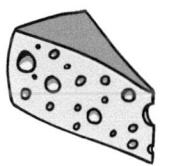

djathë

پنیر

akullore

آيس كريم

sheqer

بوره

mjaltë

شهد

marmaladë

مربا

çokokrem

نوگات کریم

këri

کورکمان

fermë
کرونده

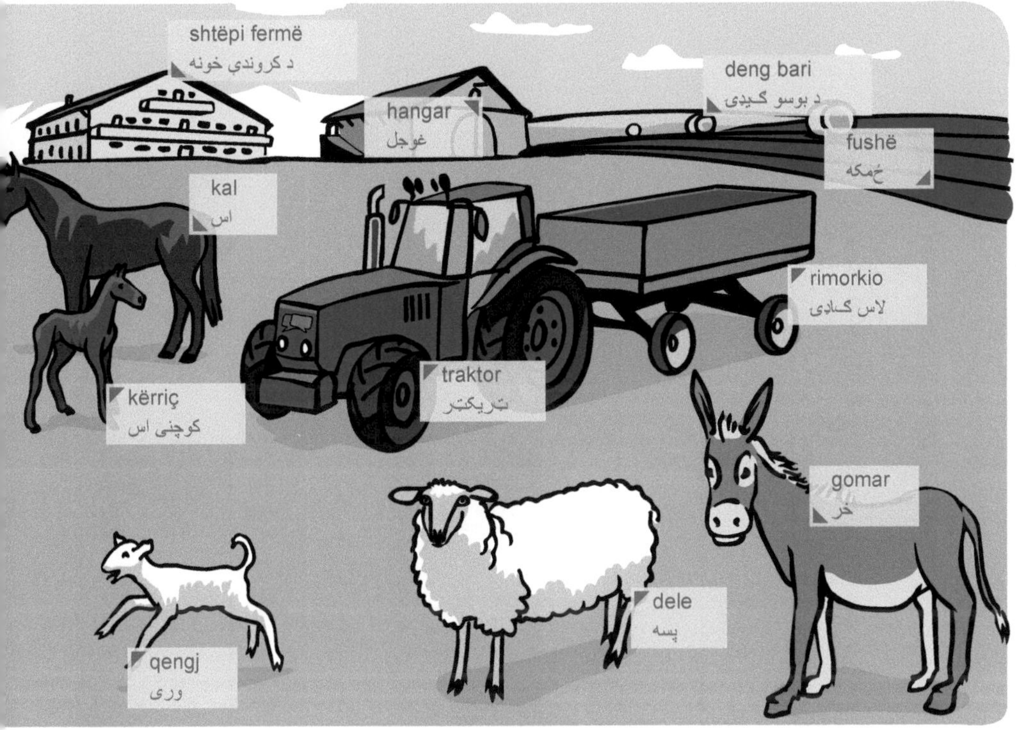
shtëpi fermë
د کروندې خونه
hangar
غوجل
deng bari
د بوسو ګیډۍ
fushë
ځمکه
kal
اس
rimorkio
لاس ګاډی
traktor
ټریکټر
kërriç
کوچنی اس
gomar
خر
dele
پسه
qengj
وری

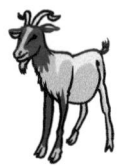

dhi
....
وزه

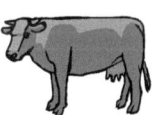

lopë
....
غوا

viç
....
خوسکی

derr
....
خوګ

derrkuc
....
د خوګ بچی

dem
....
غویی

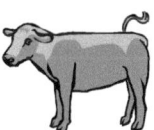

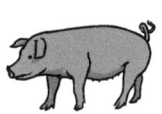

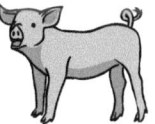

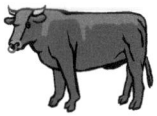

patë

بته

rosë

هیلی

zog pule

چرگوړی

pulë

چرکه

gjel

بانگي

mi

سارای موږک

mace

پیشک

mi

موږک

buall

غویی

qen

سپی

kolibe qeni

د سپي خونه

zorrë vaditëse

د باغ هوز

vaditëse

د اوبو لوخی

kosë

لور (داس)

plug

يوری

drapër

لور

shat

رمبی

kosa

بڕاخی

sëpatë

تبر

karrocë

کراچی

govatë

ناوه

bidon qumështi

د شیدو لوخی

thes

جوال

gardh

کتاره

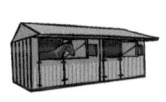

ahur

مضبوط

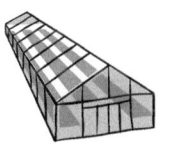

serë

شنه خونه

dhe

خاوره

farë

تخم

pleh

سره/کود

autokombanjë

گـد ریبونکی ماشین

korr

زيرمه كول

te korrat

درمند

patate e ëmbël "Yam"

خواره كچالو

grurë

غنم

soja

سويا

patate

كچالو

misër

جوار

raps

نباتي تخم

pemë frutore

د ميوي ونه

zhardhok manioku

مانيوك

drithëra

غله

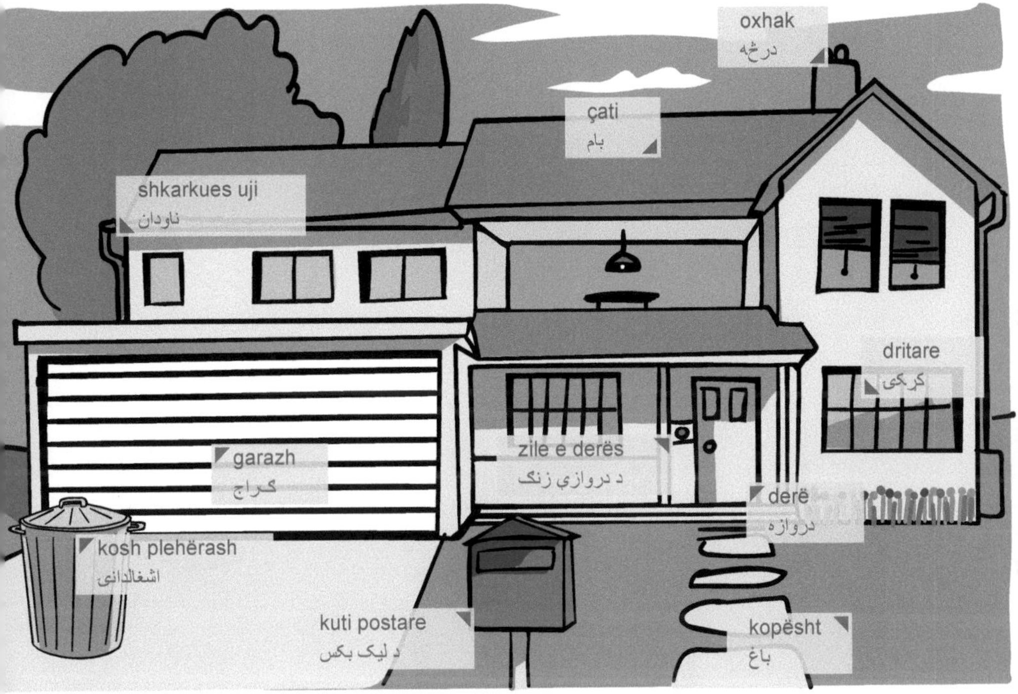

oxhak
درغه

çati
بام

shkarkues uji
ناودان

dritare
کرکی

garazh
گراج

zile e derës
د دروازي زنګ

derë
دروازه

kosh plehërash
اشغالدانی

kuti postare
د لیک بکس

kopësht
باغ

dhomë ndenjeje

د اوسیدو خونه

tualet

حمام

kuzhinë

پخلنځی

dhomë gjumi

د ویده کیدو خونه

dhomë fëmijësh

د ماشوم خونه

dhomë ngrënieje

د خوارو خونه

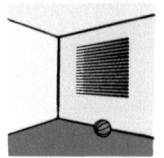

dysheme

فرش

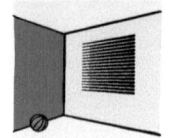

mur

دیوال

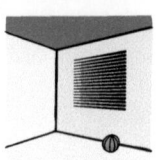

tavan

چت

bodrum

زیرخانه

sauna

سونا

ballkon

بالکوني

tarracë

تراس

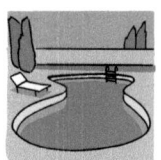

pishinë

حوض

kositëse bari

د چمن وهلو ماشین

çarçaf

شیت

kuvertë

روجایی

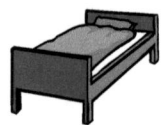

krevat

تخت

fshesë dore

جارو

kovë

بوکه

çelës

سویچ

dhomë ndenjeje

د اوسیدو خونه

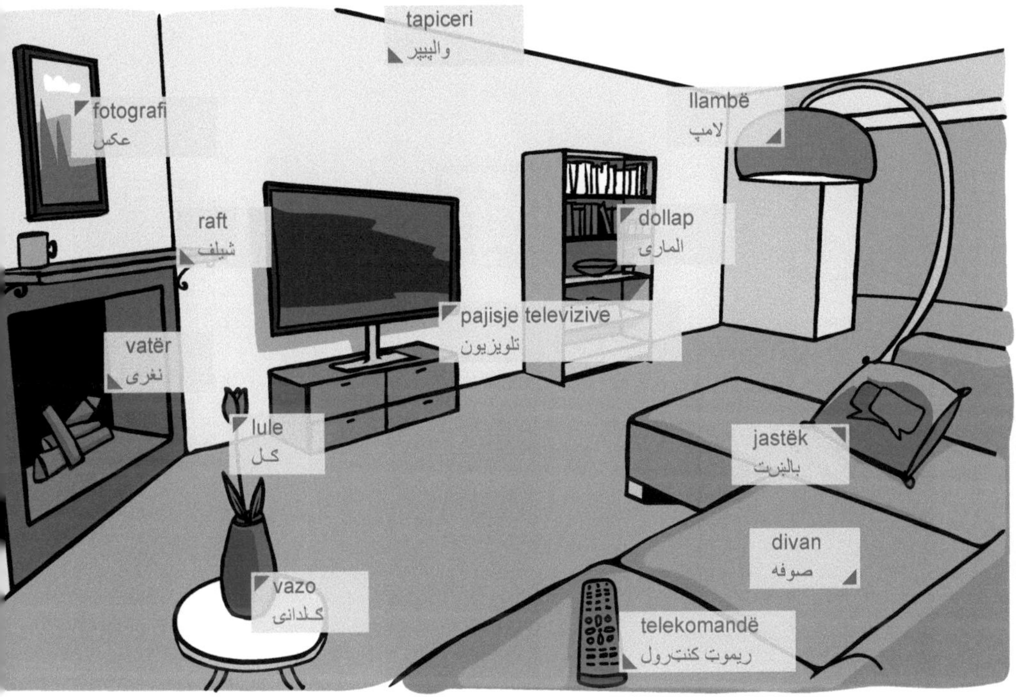

tapiceri
والپیپر
fotografi
عکس
llambë
لامپ
raft
شیلف
dollap
الماری
pajisje televizive
تلویزیون
vatër
نغری
lule
گل
jastëk
بالښت
divan
صوفه
vazo
گلدانی
telekomandë
ریموټ کنټرول

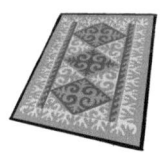

qilim

غالی

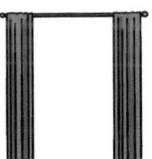

perde

پرده

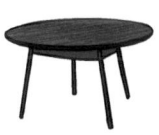

tavolinë

میز

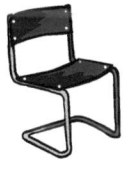

karrige

چوکی

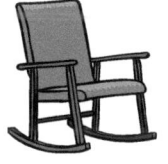

karrige lëkundëse

تاویدونکي چوکی

kolltuk

بازو لرونکی چوکی

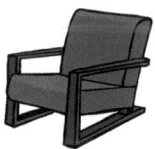

libri

كتاب

batanije

كمبل

zbukurime

ديكوريشن

dru zjarri

د اور لرکي

film

فلم

stereo

هايفاى

çelës

كلي

gazetë

ورځپاڼه

pikturë

نقاشي

afishe

پوستر

radio

راديو

bllok shënimesh

كتابچه

fshesë me korent

واكيوم جارو

kaktus

كاكتوس

qiri

شمع

kuzhinë
پخلنځی

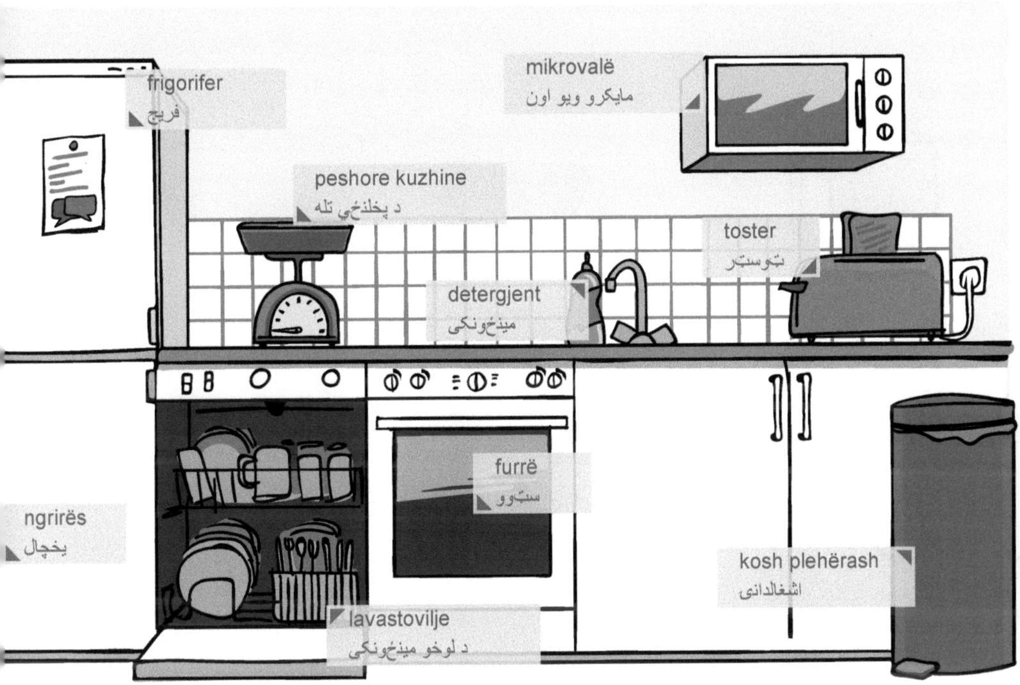

frigorifer
فریج
mikrovalë
مایکرو ویو اون
peshore kuzhine
د پخلنځي تله
toster
ټوستر
detergjent
مینځونکی
furrë
سټوو
ngrirës
یخچال
kosh plehërash
اشغالدانی
lavastovilje
د لوخو مینځونکی

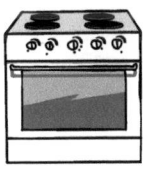

sobë
دیگ بخار

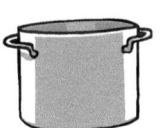

tenxhere
لوخی

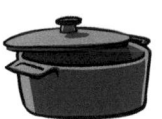

tenxhere me kapak
چدني لوخی

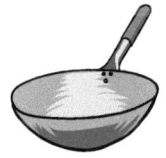

tigan special (Wok)
ووک

tigan
د تلي په

çajnik
چاي جوش

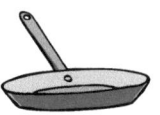

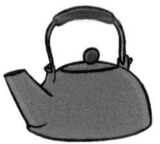

tenxhere me avull

د بخار ديگ

tavë pjekjeje

پتنوس

enë

لوخي

filxhan

مگ

tas

كاسه

shkopinj

د رانيولو اوزار

garuzhde

څمڅی

spatul

كفگير

tel kuzhine

پاكونكی

kulluese

صافي

sitë

غلبيل

rende

گريتر

havan

اونگ

skarë

بار بی كيو

zjarr

خلاص اور

dërrasë për prerje
تخته

okllai
هوارونکی

heqëse tapash
کارک سکریو

kanaçe
ټیم

hapëse kanaçeje
د ټیم خلاصونکی

rrobë për të kapur
tenxheren
د لوخي ټوټه

lavaman
ظرف شوی

furçë
برس

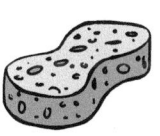

sfungjer
سپنج

përzjerës
بلیندر

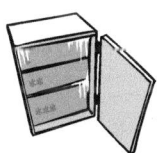

ngrirës
ژور یخچال

biberon për lëngje
د ماشوم بوتل

rubinet
نل

tualet

حمام

ngrohje
تودول
peshqirë
جان پاک
dush
شاور
perde dushi
د شاور پرده
vaskë me shkumë
بیل حمام
vaskë
د حمام ټب
lavatriçe
د مینځلو مشین
gotë
ګلاس
rubinet
نل
pllaka
ټایلونه
oturak
یو دول کموډ
lavaman
ظرف شوی

tualet

تشناب

WC e sheshtë

فرشي کموډ

bide

کموډ

tualet publik

د متیازو ځای

letër higjienike

تشناب کاغذ

furçe për WC

د تشناب برس

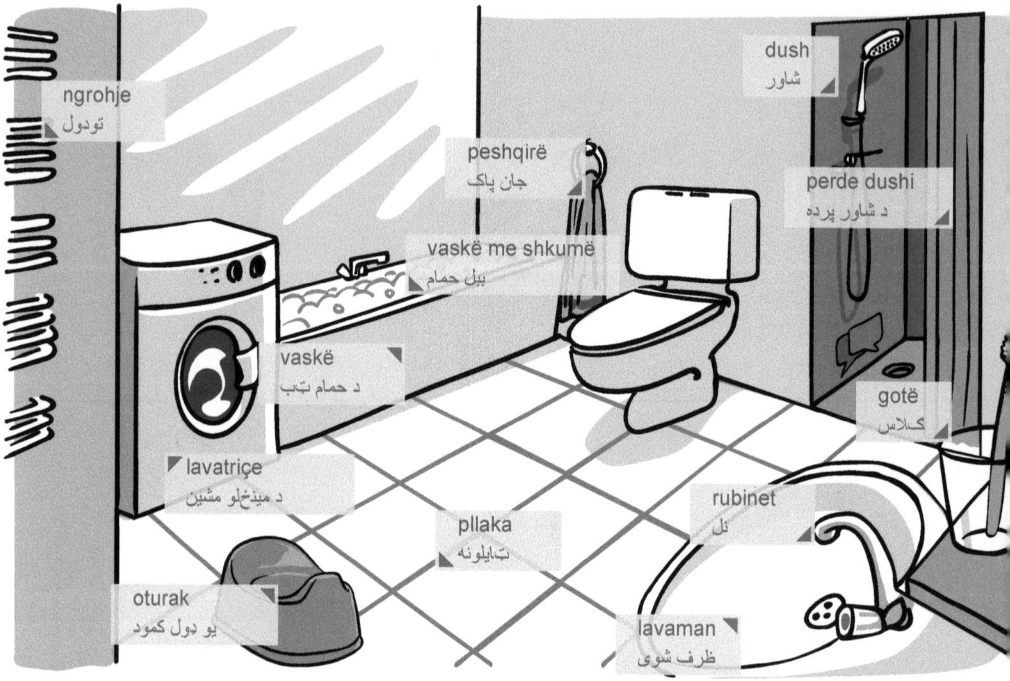

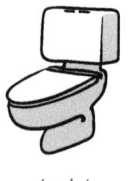

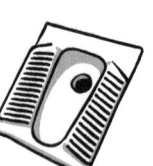

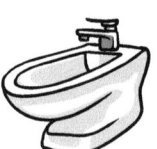

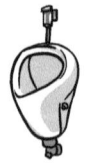

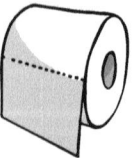

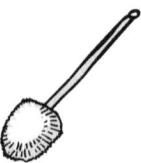

furçë dhëmbësh

د غاښونو برس

pastë dhëmbësh

د غاښونو کریم

fije dentare

د غاښونو نخ

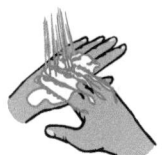

laj

مینځل

dorezë dushi

لاسي شاور

larës për zonën intime

دوش

legen

خانک

furçë për masazh shpine

د شا برس

sapun

صابون

shampo trupi

د شاور ژل

shampo

شامپو

leckë pastruese

فلانل جامه

kullues

وچول

krem

کریم

antidjersë

سپری

pasqyrë

آينه

pasqyrë dore

لاسي آينه

brisk rroje

ريزر

shkumë rroje

د خريلو فوم

locion pas rrojes

د خريلو وروسته

krehër

گمنځ

furçë

برس

tharëse flokësh

د ويښتانو وچونکی

llak për flokët

د ويښتانو سپری

grim

ميک اپ

buzëkuq

ليپ ستيک

manikyr

د نوكانو پالش

mbushje pambuku

كاتن ورى

gërshërë për thonj

ناخن گير

parfum

عطر

antë për sendet personale

د مينځلو کڅوړه

Stol

ستول

peshore

د وزن کولو تله

robëdëshambër

د حمام پوښاک

dorashka gome

د ربړ دستکش

tampon

تـامپون

peceta higjienike

صحیی جان پاک

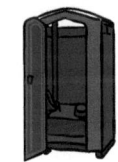

tualet I lëvizshëm

کیمیکل تشناب

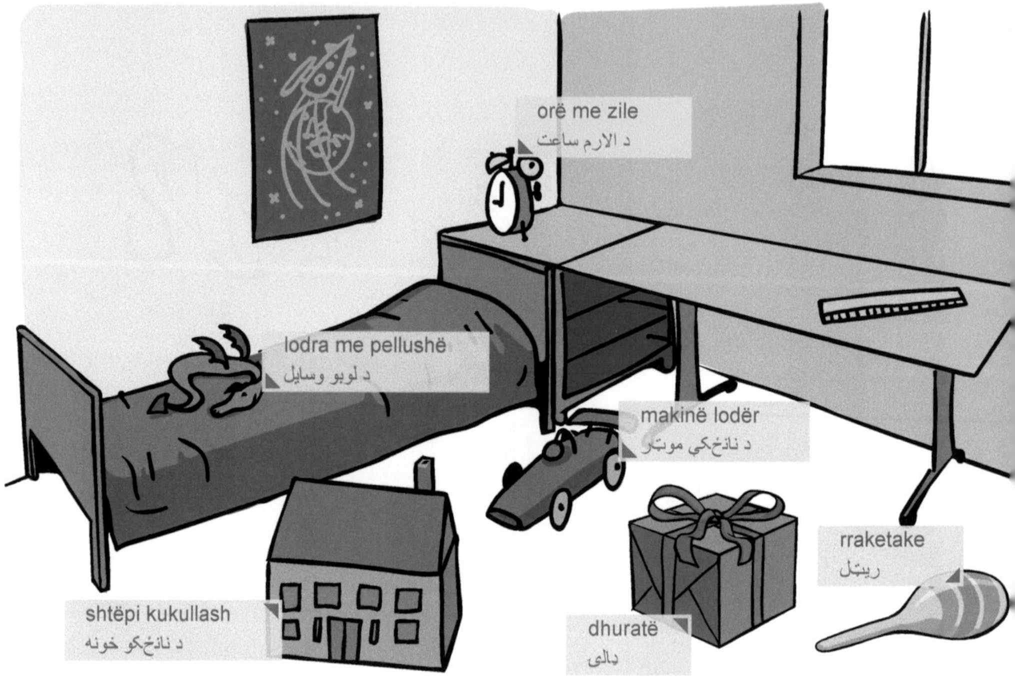

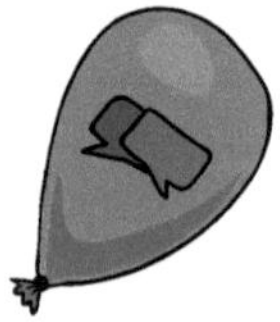

orë me zile
د الارم ساعت

lodra me pellushë
د لوبو وسایل

makinë lodër
د ناڅخکي موټر

rraketake
ريټل

shtëpi kukullash
د ناڅخکو خونه

dhuratë
ډالۍ

tollumbace
....
بالون

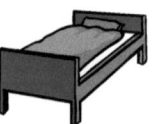

krevat
....
تخت

karrocë fëmijësh
....
کالسکه

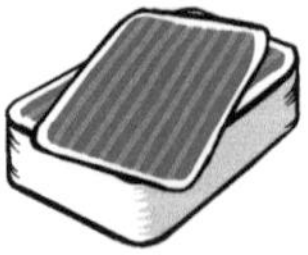

lojë me letra
....
د لوبو ورقي

bashkim pjesësh me figura
....
جيګسا

komik
....
مسخره

formuese lodër

ليګو بريک

kuba plastikë

د نانځکو بلاک

lodra

د اکشن فيګور

badi

د ماشوم پوښاک

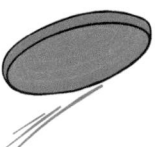

frizbi

فريزبي

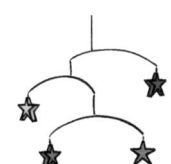

lodra të varura tek krevati i fëmijëve

موبايل

tavolinë lojërash

بورډ لوبه

zare

تاس

model treni

مادل ريل سيټ

biberon

ګونګښى

festë

پارتي

libër me ilustrime

د عکسونو البوم

top

بال

kukull

نانځکه

luaj

لوبيدل

grumbull rëre

د شګو کنده

kolovarëse

سوينگ

lodra

ناڅخکي

leva për lojra video

د ويډيو لوبو کنسول

triçikël

ټرای سایکل

arush prej pellushi

ګوډکه

garderobë

د کالو الماری

çorape

جرابي

çorape të gjata

لوړي جرابي

geta

تایټس

shall
زروکی

rrip
کمربند

çadër
چتری

bluzë pa jakë
ټي شرټ

atlete
سنیکر

çizme
بوټان

pantofla
سلیپر

sandale

سینډل

këpucë

بوټان

çizme llastiku

د ربر بوټان

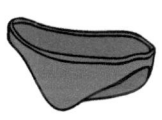

të mbathura

زیرنیکري

reçipeta

سینه بند

kanotierë

واسکټ

trup

بلاوزي

pantallona

پتلون

xhinse

جينز

fund

لمن

bluzë

بلاوز

këmishë

 شرت

pulovër

بنيان

triko

سويتر

xhaketë

بليزر

xhaketë

جاكت

pallto

کوت

mushama shiu

د باران کوټ

kostum

پوښاک

fustan

کالي

fustan nusërie

د واده پوښاک

kostum

دريشي

këmishë nate

د شپې پوښاک

pizhama

پاجامه

sari (veshje tradicionale indiane)

ساري

shami koke

لوپټه

çallmë

پټکی

eshje për femrat e besimit musliman

برقه

kaftan (lloj veshjeje tradicionale)

کفتن

ferexhe

عبا

kostum banje

د لامبو پوښاک

rroba banje

نیکر

pantallona të shkurtra

شارت

tuta sporti

د خُغاستي پوښاک

përparëse

پیش بند

dorashka

دستکش

kopsë

بټن

syze

عينک

byzylyk

لاس بند

gjerdan

غاړه کۍ

unazë

گوتمه

vath

غوږوالۍ

kapuç

خولۍ

varëse për pallto

کوټ بند

kapele

خولۍ

kravatë

نټايى

zinxhir

ځنځير

helmetë

هيلميټ

tiranda

تړونکی

uniformë shkolle

د ښوونځي يونيفارم

uniformë

يونيفارم

48   veshje - پوښاک

gushore

بيبي

biberon

گونگشی

pelenë

نيپي

zyrë

دفتر

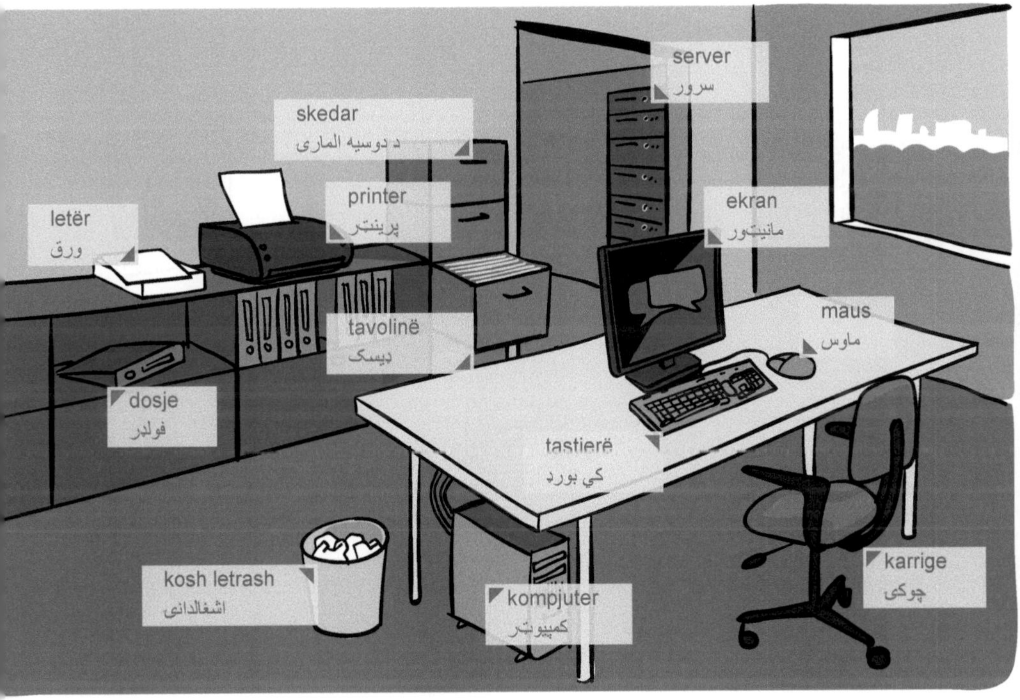

server
سرور

skedar
د دوسيه الماری

ekran
مانيتور

letër
ورق

printer
پرينتر

maus
ماوس

tavolinë
ديسک

dosje
فولدر

tastierë
کي بورد

kosh letrash
اشغالدانی

kompjuter
کمپيوتر

karrige
چوکی

filxhan kafeje

د کافي پياله

makinë llogaritëse

کالکوليتر

internet

انترنيت

kompjuter portativ

لپ تاپ

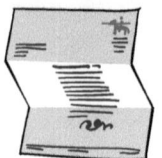

letër

لیک

mesazh

پیغام

telefon

موبایل

rrjet

نیتورک

fotokopje

فوتوکاپیر

program

سافتویر

telefon

تلیفون

prizë

پلګ ساکټ

pajisje faksi

فکس مشین

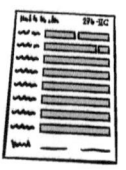

formular

فارم

dokument

سند

blej

پیرل

paguaj

تادیه کول

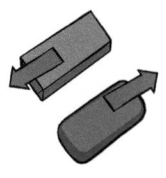

tregtoj

سوداگري کول

para

پیسي

dollar

ډالر

euro

یورو

jen

ین

rubla

ربل

franga zvicerane

سویسي فرانک

juani kinez

رینمینبي یوان

rupje

روپۍ

bankomat

د نغدي پیسو خای

pikë këmbimi valutor

د اسعارو د تبادلی دفتر

ar

سره زر

argjend

سپین زر

nafta

تیل

energji

انرژي

çmim

نرخ

kontratë

قرارداد

taksë

مالیه

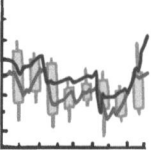

aksione

اسهام

punoj

کار کول

punonjës

کارمند

punëdhënës

کار گومارونکی

fabrikë

فابریکه

dyqan

پلورنځی

profesionet

مسلکونه

oficer policie
د پولیسو افسر

zjarrfikës
د اطفایه غری

kuzhinier
آشپز

mjek
ډاکټر

pilot
پیلوټ

kopshtar

باغوان

marangoz

نجار

rrobaqepëse

خیاط

gjykatës

قاضي

kimist

کیمیا پوه

aktor

د فلم لوبغاړی

profesionet - مسلکونه 53

shofer autobuzi

د بس ډرایور

taksist

د ټیکسي ډرایور

peshkatar

کب نیونکی

pastruese

خدمه

riparues çatish

بام جوړونکی

kamarier

پېشخدمت

gjuetar

ښکاري

piktor

نقاش

furrxhi

نانوا

elektriçist

د برېښنا کارکونکی

ndërtues

تعمیر جوړونکی

inxhinier

انجنیر

kasap

قصاب

hidraulik

نلدوان

postieri

پوست رسونکی

ushtar

سرتیری

arkitekt

مهندس

arkëtar

صراف

luleshitës

مالیار

berber

نایی

kontrollor

کلیندر

mekanik

میکانیک

kapiten

کپتان

dentist

د غاښونو ډاکټر

shkencëtar

ساینس پوه

rabin

ښاغلی

imam

امام

murg

مذهبي نفر

klerik

پادري

mjete

لوازم

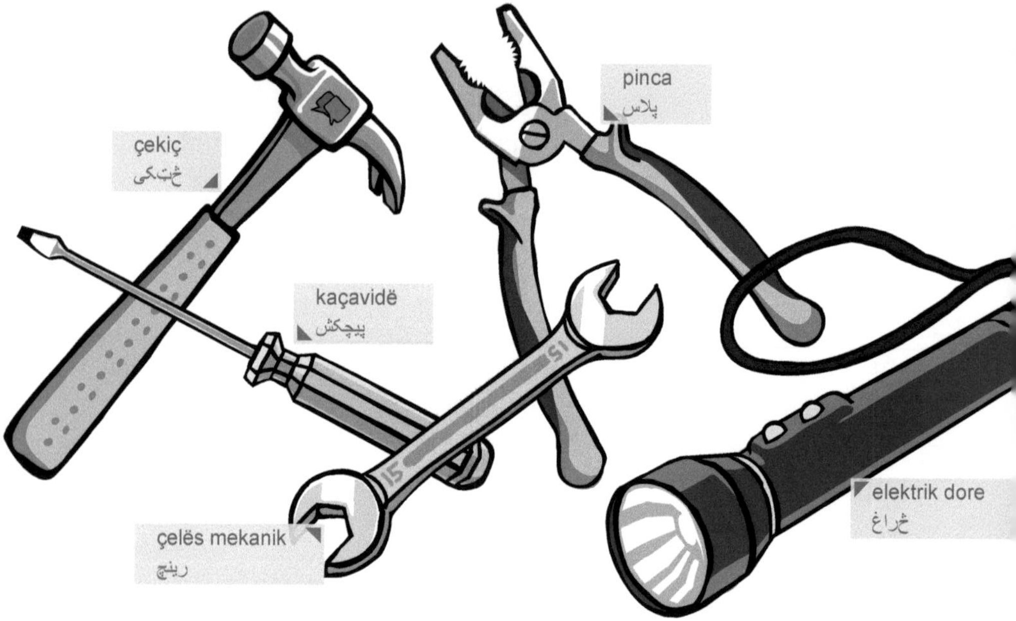

çekiç
ځټکی
pinca
پلاس
kaçavidë
پیچکش
çelës mekanik
رینچ
elektrik dore
څراغ

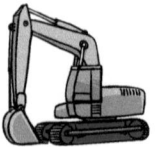

ekskavator

کنستونکی

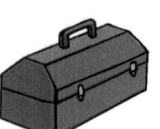

kuti veglash

د لوازمو بکس

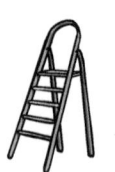

shkallë

زینه

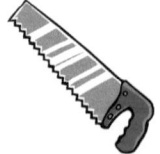

sharrë

اره

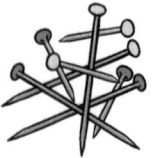

gozhdë

میخونه

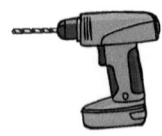

trapan

برمه

riparoj

ترمیم کول

lopatë

بیل

Dreq!

لعنت!

kaci

خاک انداز

kuti boje

مشواني

vidhë

پیچونه

instrumenta muzikorë
د میوزیک آلات

altoparlant
لاود سپیکر

bateri
درم سیت

kontrabas
کنتر باس

trompë
ترومپیت

kitare
گیتار

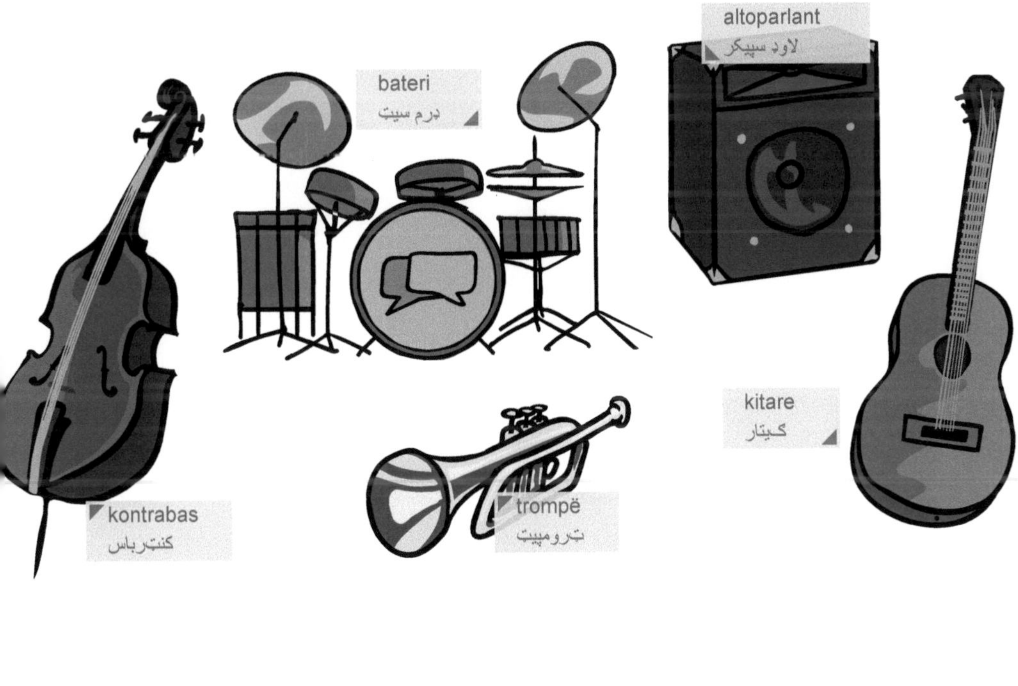

piano

پيانو

violinë

واپلن

bas

باس

tamburë

نغاره

daulle

درمونه

tastierë pianoje

کي بورد

saksofon

سيکسافون

flaut

شپيلی

mikrofon

مايکروفون

58   instrumenta muzikorë - د ميوزيک آلات

kopsht zoologjik

ژوبڼ

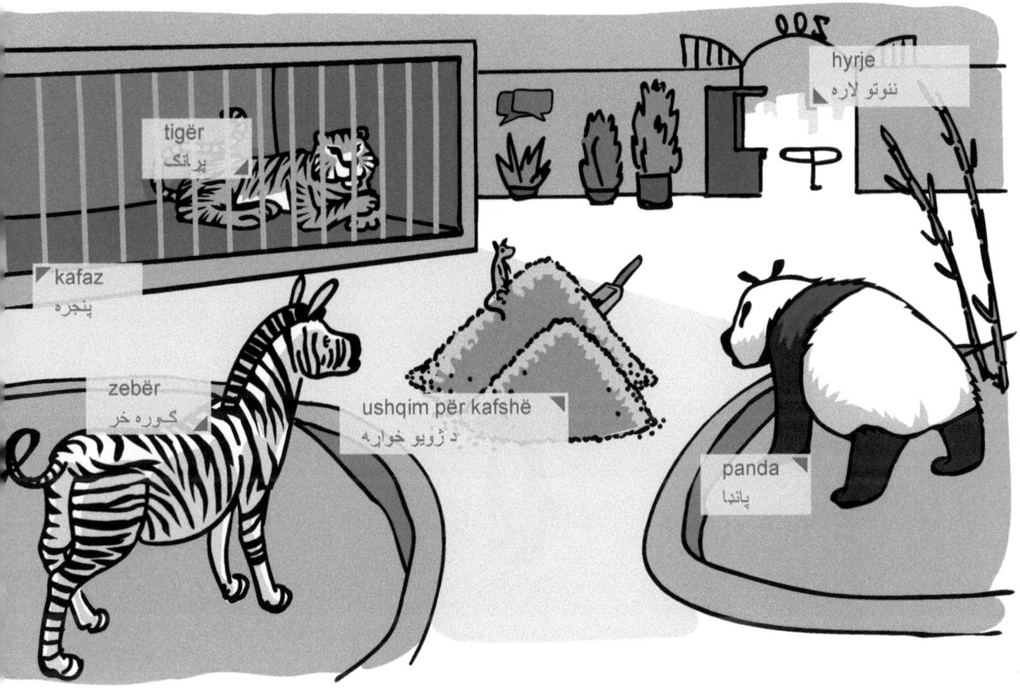
zoo
hyrje
ننوتو لاره
tigër
پړانګ
kafaz
پنجره
zebër
ګوره خر
ushqim për kafshë
د ژويو خواړه
panda
پاندا

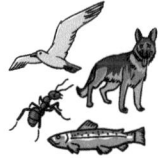

kafshë

ژوی

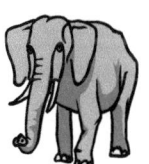

elefant

هاتي

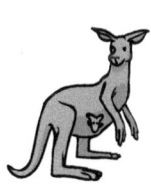

kangur

کنګرو

rinoceront

د اوبو اسپ

gorillë

ګوريلا

ari

ايږه

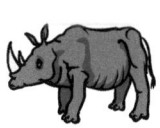

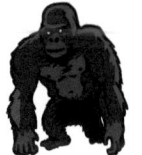

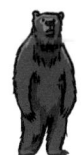

deve

اوىش

struc

شترمرغ

luan

زمرى

majmun

بيزو

flamingo

غزى

papagall

طوطي

ari polar

قطبي ايرـه

pinguin

پينگوين

peshkaqen

شارك

pallua

طاوس

gjarpër

مار

krokodil

تمساح

punonjës i kopshtit zoologjik

ژوبن ساتونکى

fokë

سيل

xhaguar

جگوار

poni

یابو

leopard

پلنگ

hipopotam

هیپو

gjirafë

زرافه

shqiponjë

باز

derr i egër

نرخوک

peshk

کب

breshkë

شمشتی

lopë deti

سمندري نولی

dhelpër

گیدره

gazelë

هوسی

futboll amerikan
امریکایی فټبال

çiklizëm
سایکل چلول

tenis
ټینس

basketboll
باسکیتبال

not
لامبو

boks
باکسینګ

hokej mbi akull
د کنګل هاکي

futboll
فټبال

badminton
کسیزه

atletikë
د خُغاستي لوبی

hendboll
د هندبال

ski
سکي

polo
پولو

aktivitet
فعالیتونه

qesh
خندل
hidhem
ټوپ وهل
përqafoj
غاړه ورکول
eci
ګرځېدل
këndoj
سندرې ویل
ëndërroj
خوب لیدل
lutem
عبادت کول
puth
مچو کول

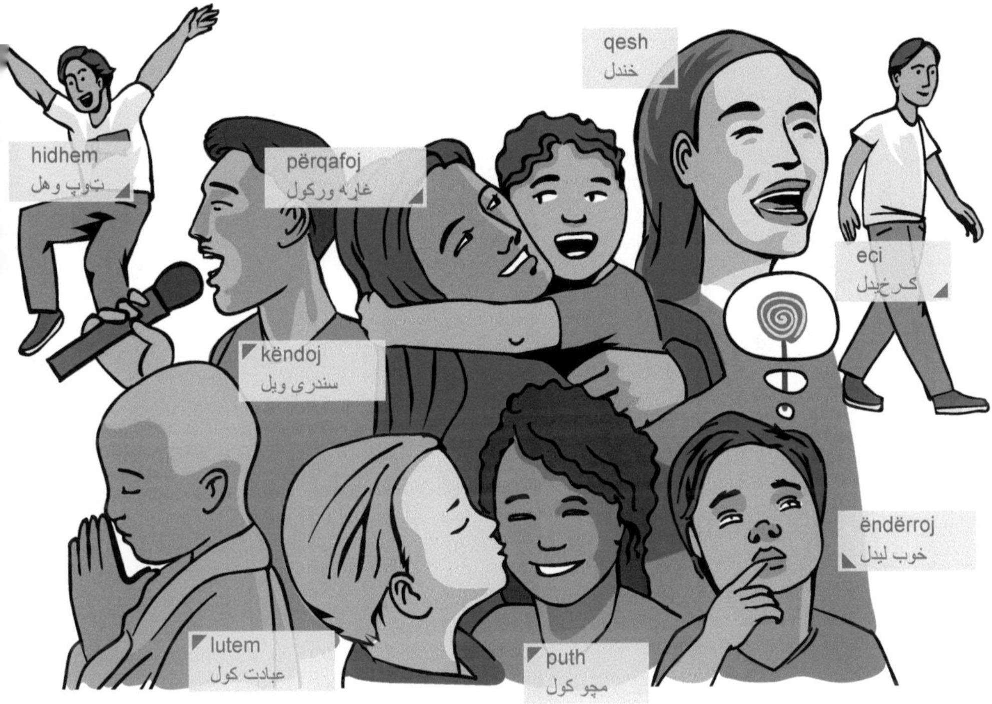

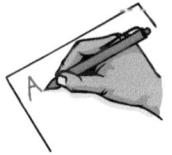

shkruaj
لیکل

vizatoj
کښل

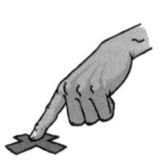

tregoj
ښودل

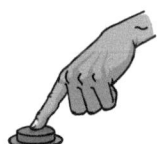

shtyj
ټېله کول

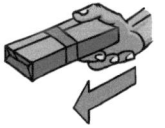

jap
ورکول

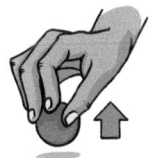

marr
اخیستل

kam

درلودل

bëj

کول

jam

پاییدل

qëndroj

ودریدل

vrapoj

منډې وهل

tërheq

راکښل

hedh

ګوزارل

bie

لویدل

shtrihem

څملاستل

pres

انتظار کول

mbaj

وړل

ulem

کښېناستل

vishem

پوښاک اغوستل

fle

ویده کیدل

zgjohem

پاڅیدل

shikoj

کتل

qaj

ژړل

përkëdhel

بريد کول

kreh

ګمنځ کول

bisedoj

خبري کول

kuptoj

پوهيدل

kërkoj

غوښتل

dëgjoj

اوريدل

pi

څښل

ha

خورل

sistemoj

پاکول

dashuroj

مينه کول

gatuaj

پخلی کول

drejtoj makinën

موټر چلول

fluturoj

الوتل

lundroj

بیری چلول

llogaris

حساب

lexoj

لوستل

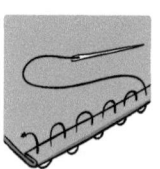

mësoj

زده کول

punoj

کار کول

martohem

واده کول

qep

ګنډل

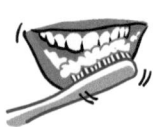

laj dhëmbët

د غاښونو برس کول

vras

وژل

tymos

سګرټ څښل

dërgoj

لیږل

familje

gjyshe
نیا

gjysh
نیکه

baba
پلار

nënë
مور

bebe
ماشوم

vajzë
لور

djalë
زوی

mysafir

ميلمه

teze, hallë

ترور

dajë, xhaxha

كاكا/ماما

vëlla

ورور

motër

خور

trupi

بدن

balli
تندی
syri
سترګې
shpatulla
اوږه
gishti
ګوته
fytyra
مخ
mjekra
زنه
dora
لاس
kraherori
سینه
këmba
پښه
krahu
مټ

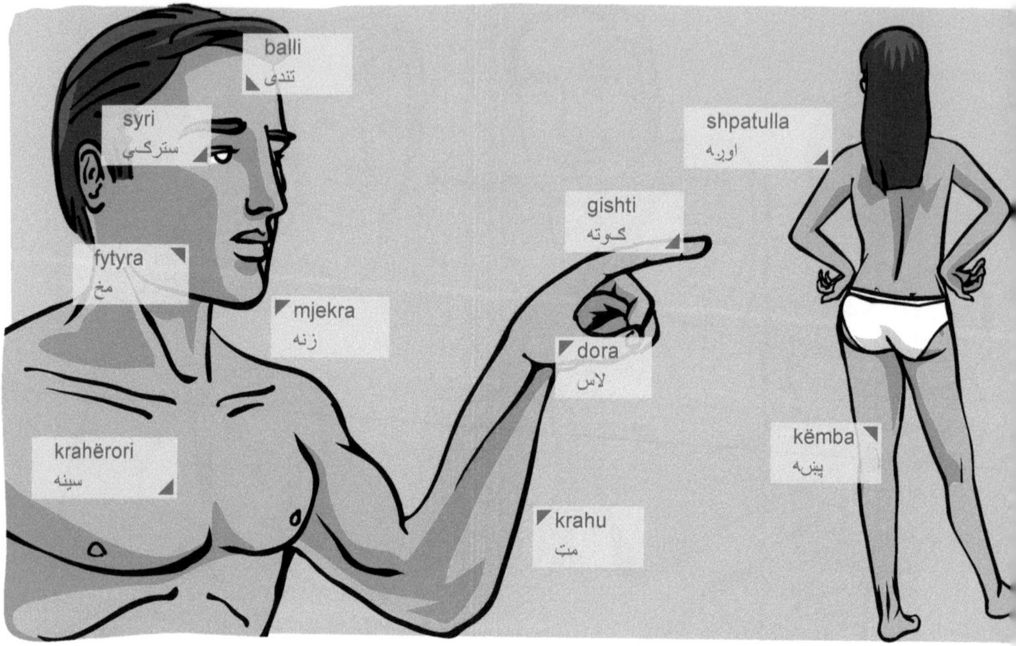

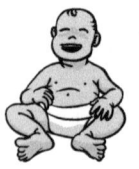

bebe
....
ماشوم

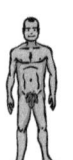

burrë
....
سړی

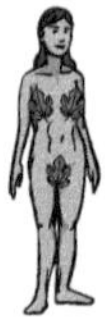

grua
....
ښځه

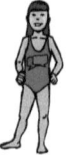

vajzë
....
انجلۍ

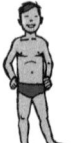

djalë
....
هلک

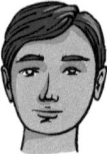

koka
....
سر

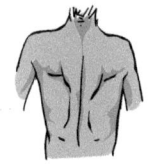

shpina

شا

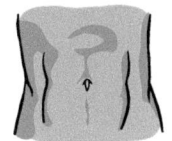

barku

خیټه

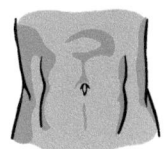

kërthiza

نوم

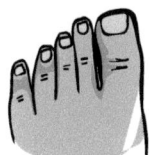

gisht këmbe

د پښي ګوته

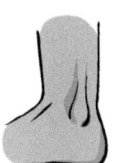

Thembra

پونده

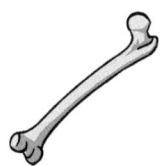

kockë

هډوکی

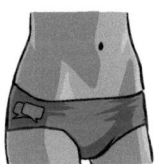

legeni

کوناټی

gjuri

زنګون

bërryli

څنګل

hunda

پوزه

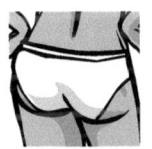

vithe

لاندي برخه

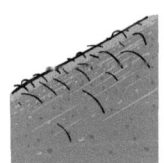

lëkura

پوستکی

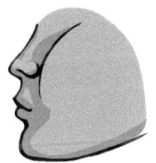

faqja

غومبوری

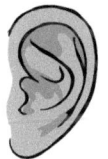

veshi

غوږ

buza

شونډه

goja

خوله

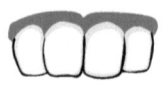

dhëmbët

غاښ

gjuha

ژبه

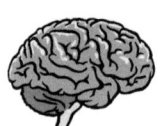

truri

مغز

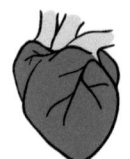

zemra

زړه

muskul

عضله

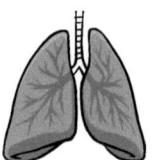

mushkëria

سږی

mëlçia

ځيګر

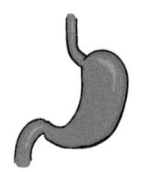

stomaku

معده

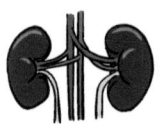

veshka

پښتورګی

seks

جنسي نزدي والی

prezervativ

کاندوم

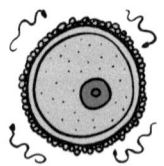

veza

تخمه

sperma

مني

shtatëzani

حمل

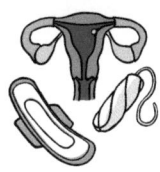

menstruacione

حیض

vagina

مهبل

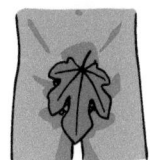

penis

د نارینه تناسلي آله

vetulla

وروځی

flokët

ویښته

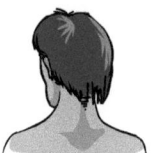

qafa

غاړه

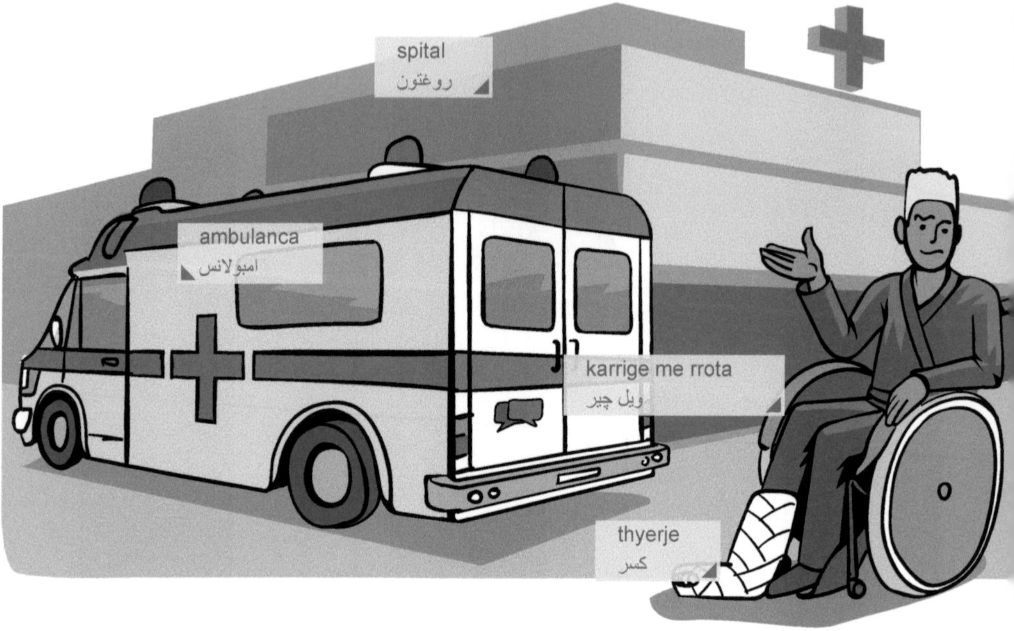

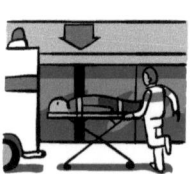

spital
روغتون

ambulanca
امبولانس

karrige me rrota
ویل چیر

thyerje
کسر

mjek

ډاکټر

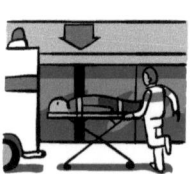

sallë urgjencash

عاجل خونه

infermiere

رنځورپال

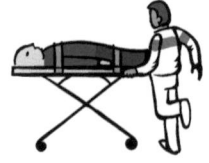

emergjencë

عاجل

i pandërgjegjshëm

بې هوش

dhimbje

درد

dëmtim

پتب

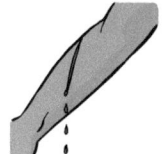

gjakosje

لدیوت هنیو

infarkt

د زړه حمله

goditje

ضرب

alergji

حساسیت

kolla

ټوخی

ethe

تبه

grip

انفلوینزا

diarre

نس ناستی

dhimbje koke

سر درد

kancer

سرطان

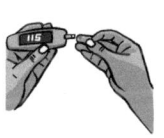

diabet

شکر

kirurg

جراح

bisturi

سکالپل

operacion

عملیات

CT (skaner)

سېرنتي

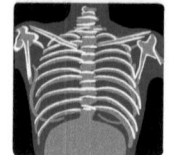

radiografi

ایکس رې

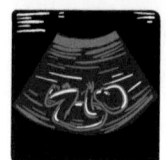

ultratingull

التراساوند

maskë fytyre

د مخ ماسک

sëmundje

ناروغي

dhomë pritjeje

انتظار خونه

paterica

امساً

leukoplast

پلستر

fasho

بنداژ

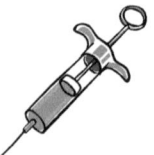

injeksion

تزریق

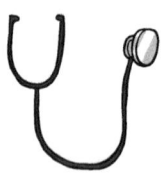

stetoskop

ستاتسکوپ

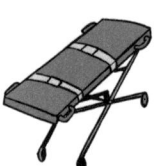

barelë

تسکیره

termometër

کلینکي ترماميتر

lindje

زیږون

mbipeshë

زیات وزن

spital - روغتون

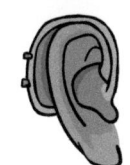

aparat dëgjimi

د اوريدو مرسته

dezinfektant

د عفونيت ځخه پاكونكي مواد

infeksion

عفونيت

virus

ويروس

HIV / AIDS

ايچ.آي.وي/ايډز

mjekësi, mjekim

درمل

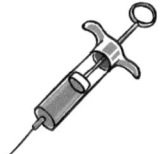

vaksinim

واكسين

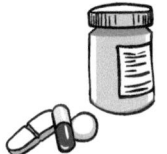

tableta

ت‍ابلييتس

pilulë

ګولۍ

telefonatë emergjence

عاجل تليفون

aparat tensioni

د ويني د فشار څارونكى

i sëmurë / i shëndetshëm

ناروغ/روغ

Ndihmë!

مرسته!

alarm

الارم

sulm

يرغل

atak

بريد

rrezik

خطر

dalje emergjence

عاجل لاره

Zjarr!

اور!

fikëse zjarri

د اور وژونکی

aksident

پیښه

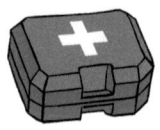

kuti e ndimës së shpejtë

د لومړی مرستي لوازم

SOS

ايس.او.ايس

policia

پوليس

Europa

اروپا

Amerika e Veriut

شمالي امریکا

Amerika e Jugut

سهیلي امریکا

Afrika

افریقا

Azia

آسیا

Australia

آستریلیا

Atlantiku

اتلانتیک

Paqësori

پاسیفیک

Oqeani Indian

د هند بحر

Oqeani Antarktik

جنوبي منجمد بحر

Oqeani Arktik

د شمال قطب بحر

Poli i veriut

شمالي قطب

Poli i Jugut

سهيلي قطب

Antarktida

انټارکټيکا

toka

خمکه

tokë

خمکه

det

بحر

ishull

ټاپو

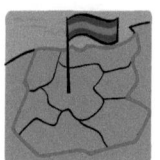

komb

ملت

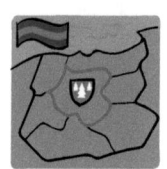

shtet

دولت

toka - خمکه

fusha e orës

د مخي ساعت

akrepi i orës

د ساعت ستنه

akrepi i minutave

د دقیقي ستنه

akrepi i sekondave

د ثانیی ستنه

Sa është ora?

څه وخت دی؟

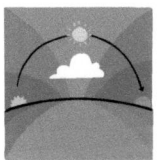

ditë

ورځ

kohë

وخت

tani

اوس

orë dixhitale

ډیجیټل ساعت

minutë

دقیقه

orë

ساعت

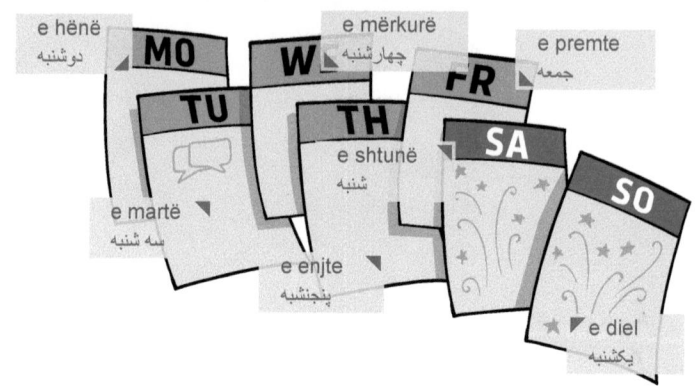

e hënë — دوشنبه
e mërkurë — چهارشنبه
e premte — جمعه
e martë — سه شنبه
e enjte — پنجشنبه
e shtunë — شنبه
e diel — یکشنبه

dje

پرون

sot

نن

nesër

سبا

mëngjes

سهار

mesditë

غرمه

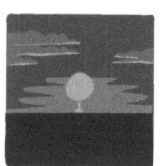

mbrëmje

ماښام

MO	TU	WE	TH	FR	SA	SU
1	2	3	4	5	6	7
8	9	10	11	12	13	14
15	16	17	18	19	20	21
22	23	24	25	26	27	28
29	30	31	1	2	3	4

ditë pune

کاري ورځي

MO	TU	WE	TH	FR	SA	SU
1	2	3	4	5	6	7
8	9	10	11	12	13	14
15	16	17	18	19	20	21
22	23	24	25	26	27	28
29	30	31	1	2	3	4

fundjavë

د اونۍ پای

vit

کال

shi
باران
ylber
رنګین کمان
erë
باد
borë
واوره
pranverë
پسرلی
verë
اوړی
vjeshtë
منی
dimër
ژمی

4.APRIL 11°
5.APRIL 4°
6.APRIL 13°
7.APRIL 8°
8.APRIL 10°

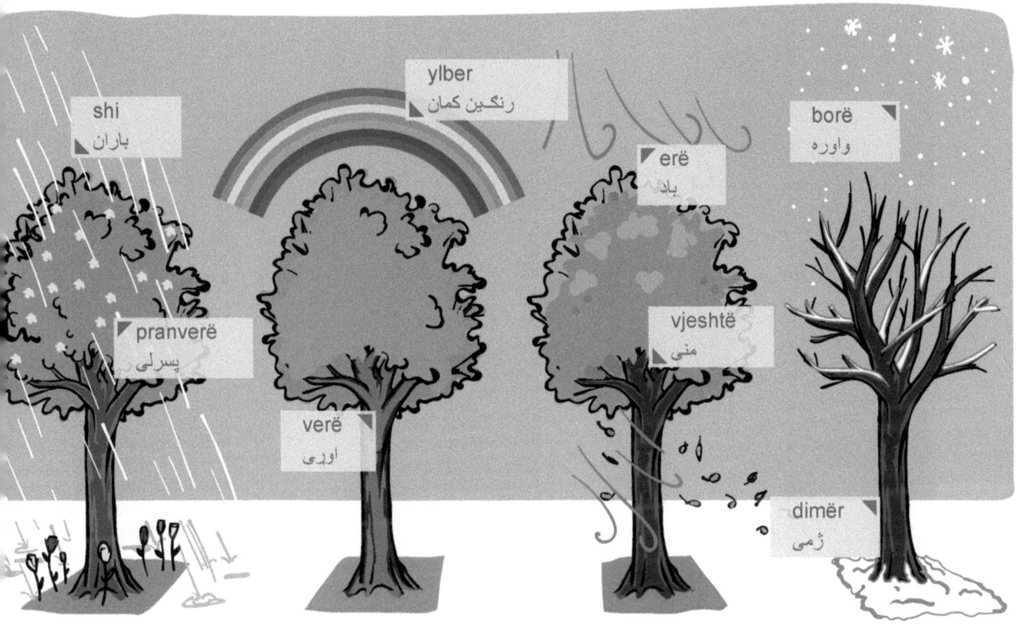

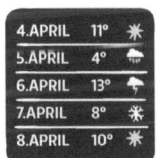

parashikimi i motit

د موسم وړاندوینه

F
C
120
90
60
30
0
-30
40
30
20
10
0
-10
-20

termometër

ترمومیټر

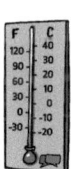

ndriçim dielli

د لمر وړانګې

re

وریځ

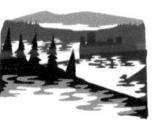

mjegull

لړه

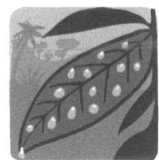

lagështi

رطوبت

vetëtima

....

رڼا

gjëmim

....

تندر

stuhi

....

توفان

breshër

....

ږلۍ وریدل

muson

....

مون سون باران

përmbytje

....

سیلاب

akull

....

یخ

janar

....

جنوري

shkurt

....

فیروري

mars

....

مارچ

prill

....

اپریل

maj

....

مۍ

qershor

....

جون

korrik

....

جولای

gusht

....

اګست

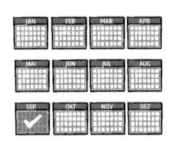

shtator

سپتمبر

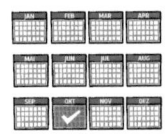

tetor

اكتوبر

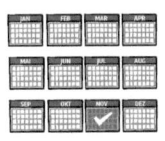

nëntor

نومبر

dhjetor

دسمبر

rreth

دايره

katror

مربع

drejtkëndësh

مستطيل

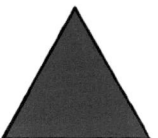

trekëndësh

مثلث

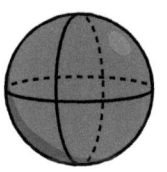

sferë

توپ

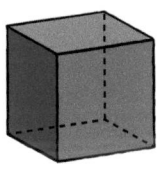

kub

فال

e bardhë

سپین

e verdhë

ژیر

portokalli

نارنجي

rozë

گلابي

e kuqe

سور

vjollcë

ارغواني

blu

نیلي

e gjelbër

شین

kafe

نسواري

gri

خر

e zezë

تور

shumë / pak

خورا ډير/خورا لږ

i nevrikosur / i qetë

قار/ارام

i bukur / i shëmtuar

ښکلى/بدشکله

fillim / fund

پيل/پای

i madh / i vogël

لوى/کوچنى

i ndritshëm / i errët

روښانه/تياره

vëlla / motër

ورور/خور

e pastër / e pistë

پاک/ککر

e plotë / jo e plotë

مکمل/نامکمل

ditë / natë

ورځ/شپه

gjallë / vdekur

مړ/ژوندى

i gjerë / i ngushtë

پراخه/انرى

i ngrënshëm / i pangrënshëm

د خوراک ور/نه خوړل کیدونکی

i keq / i këndshëm

بد/مهربان

i lumtur / i mërzitur

ښاريدلی/بی خونده

i shëndoshë / i dobët

چاق/وچ

e para / e fundit

لومړی/وروستی

mik / armik

ملگری/دښمن

plot / bosh

ډک/تش

e fortë / e butë

سخت/نرم

e rëndë / e lehtë

دروند/سپک

uri / etje

لوږه/تنده

i sëmurë / i shëndetshëm

ناروغ/روغ

e paligjshme / e ligjshme

غیرقانوني/قانوني

i zgjuar / budalla

هوښیار/ساده

majtas / djathtas

کین/ښیی

afër / larg

نږدې/لری

e re / e përdorur

نوی/زور

asgjë / diçka

هیخ/یوخه

i moshuar / i ri

بدا/خوان

ndezur / fikur

چالان/بند

hapur / mbyllur

خلاص/ترلی

i qetë / i zhurmshëm

غلی/لور غږ

i pasur / i varfër

بدایه/غریب

e drejtë / e gabuar

صحیح/غلط

i ashpër / i butë

زیر/ملایم

i mërzitur / i lumtur

خفه/خوش

i shkurtër / i gjatë

لند/اورد

ngadalë / shpejt

سست/گرندی

i lagësht / i thatë

لوند/وچ

ngrohtë / freskët

کرم/یخ

luftë / paqe

جگړه/سوله

0

zero

صفر

1

një

یو

2

dy

دوه

3

tre

دري

4

katër

څلور

5

pesë

پنځه

6

gjashtë

شپږ

7

shtatë

اوه

8

tetë

اته

9

nentë

نهه

10

dhjetë

لس

11

njëmbëdhjetë

یولس

12	**13**	**14**
dymbëdhjetë	trembëdhjetë	katërmbëdhjetë
دولس	دياولس	څوارلس

15	**16**	**17**
pesëmbëdhjetë	gjashtëmbëdhjetë	shtatëmbëdhjetë
پنځلس	شپاړس	وولس

18	**19**	**20**
tetëmbëdhjetë	nentëmbëdhjetë	njëzetë
اتلس	نولس	شل

100	**1.000**	**1.000.000**
qind	mijë	milion
سل	زر	ميليون

anglisht

انگلسي

anglishte amerikane

امريكايی انگلسي

kinezisht mandarin

چينايی مندرين

hindi

هندي

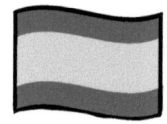

spanjisht

هسپانوي

frëngjisht

فرانسوي

arabisht

عربي

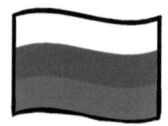

rusisht

روسي

portugalisht

پرتگالي

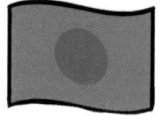

bengalisht

بنگالي

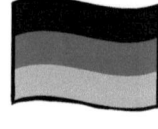

gjermanisht

آلماني

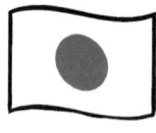

japonisht

جاپاني

unë

زه

ti

ته

ai / ajo

هغه/دغه/دا

ne

مونږ

ju

تاسي

ata

دوی/هغوی

kush?

څوك؟

çfarë?

څه؟

si?

څنگه؟

ku?

چيري؟

kur?

كله؟

emër

نوم

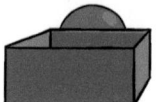

pas

شاته

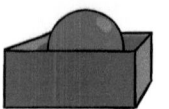

në

په

përballë

په مخه کی

sipër

باندي

mbi

په

poshtë

لاندي

pranë

برسیره پر

midis

ترمینځخ

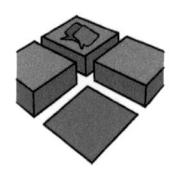

vend

ځای